Happy Within
Χαρούμενοι με τον εαυτό μας

By Marisa J. Taylor
Illustrated by Vanessa Balleza

BILINGUAL
English - Greek

I love the color of my skin. I am unique and beautiful within.

Λατρεύω το χρώμα του δέρματός μου. Είμαι μοναδικό και όμορφο παιδί μέσα μου.

I take pride in who I am and what I can do.

Νιώθω περηφάνια για αυτό που είμαι κι ό,τι μπορώ να κάνω.

Being me makes me happy from within.

Το να είμαι εγώ με κάνει χαρούμενο από μέσα μου.

I love to sing, dance and play with my friends, but that is just me, that makes me happy.

Μου αρέσει να τραγουδώ, να χορεύω και να παίζω με τα φιλαράκια μου και αυτό είμαι εγώ. Αυτό μου δίνει χαρά.

What about you? What makes you happy?

Και εσένα; Τι σε κάνει χαρούμενο;

Some of my friends love to play with toys and make a lot of noise. That is okay too, because to them it brings joy.

Σε μερικά φιλαράκια μου αρέσει να παίζουν με τα παιχνίδια τους και να κάνουν πολύ θόρυβο. Κι αυτό είναι εντάξει γιατί τους φέρνει χαρά.

Some of my friends love to sing, dance and chat away. That's okay, because everyone is different and special in their own way.

Σε μερικά φιλαράκια μου αρέσει να τραγουδούν, να χορεύουν και να κουβεντιάζουν. Αυτό είναι εντάξει επειδή ο καθένας μας είναι διαφορετικός και μοναδικός με το δικό του τρόπο.

I do my best to be the best version of me.

Βάζω τα δυνατά μου για να είμαι η καλύτερη εκδοχή του εαυτού μου.

I do not compare myself to the other children I see. I am proud of who I am and free to be me.

Δεν συγκρίνω τον εαυτό μου με άλλα παιδάκια που βλέπω. Είμαι περήφανο παιδί για αυτό που είμαι και ελεύθερο να είμαι εγώ.

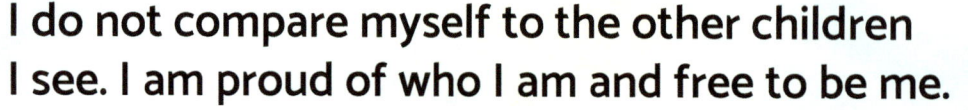

Some children will say things and make you feel sad.

Κάποια παιδάκια θα πουν πράγματα που θα σε κάνουν να νιώσεις άσχημα.

Don´t pay attention to their words and continue to be glad.

Μη δώσεις δύναμη στις λέξεις τους και συνέχισε να είσαι χαρούμενο.

Let´s support one another to be the best we can be.

Ας υποστηρίξουμε ο ένας τον άλλο για να γίνουμε καλύτεροι.

Everyone is unique in their own special way.

Ο καθένας είναι μοναδικός με τον δικό του τρόπο.

Be happy with who you are and what you see.

Να χαίρεσαι με αυτό που είσαι και αυτό που βλέπεις.

It doesn't matter where in the world you are from, nor the color of your skin. BE YOU and do what makes you happy from within.

Δεν έχει σημασία από πού έρχεσαι στον κόσμο, ούτε το χρώμα του δέρματός σου. ΝΑ ΕΙΣΑΙ ΕΣΥ και να κάνεις αυτά που σε κάνουν χαρούμενο από μέσα σου.

The moment you feel the butterflies inside
and have a smile on your face,
do more of that to make you grin.

Την στιγμή που νιώθεις τις πεταλουδίτσες μέσα σου και είσαι χαρούμενο, κάνε περισσότερο από αυτό που σε κάνει να χαμογελάς.

One thing to remember in order to be happy from within...

Ένα πράγμα να θυμάσαι για να χαίρεσαι από μέσα σου...

Look at yourself in the mirror and say out loud "I am the best version of me and happy within my skin."

Δες τον εαυτό σου στον καθρέφτη και πες δυνατά "Είμαι η καλύτερη εκδοχή του εαυτού μου και νιώθω άνετα με αυτό"

If you believe in and love yourself, you can achieve anything and win.

Αν πιστέψεις και αγαπήσεις τον εαυτό σου, μπορείς να κατακτήσεις οτιδήποτε και να πετύχεις!

Being me makes me....
Το να είμαι εγώ με κάνει....

....

What about you?
What makes you happy?

Και εσένα;
Τι σε κάνει χαρούμενο;

LINGO BABIES

Happy Within
Χαρούμενοι με τον εαυτό μας
Copyright © Lingo Babies, 2021

Written by Marisa J. Taylor
Illustrations: Vanessa Balleza

ISBN: 978-1-914605-02-4 (paperback)
ISBN: 978-1-914605-34-5 (hardcover)

Graphic Design: Clementina Cortés
Translation: Marina Andreou
Editor: Stelios Gerogiannakis

All rights reserved. No part of this book may be reproduced or used in any matter without written permission of the copyright owner.

www.ingramcontent.com/pod-product-compliance
Lightning Source LLC
Chambersburg PA
CBHW041500220426
43661CB00016B/1208